Wenn Giftzwerg
Honigmäulchen trifft…

Rosel Ebert/Volker Krastel/
Klaus G. Lonvitz/Jürgen Molzen

AF284487

Wenn Giftzwerg Honigmäulchen trifft…

Schimpf- und Kosewörter in poetischer Umrahmung

Rosel Ebert/Volker Krastel/
Klaus G. Lonvitz/Jürgen Molzen

Impressum:

© 2022: Rosel Ebert, Volker Krastel, Klaus G. Lonvitz,
Jürgen Molzen, Karin Ortmann
Redaktion/Titel/Gestaltung/Typografie: Rosel Ebert
Illustrationen: Karin Ortmann
Herstellung und Verlag: BoD – Books on Demand,
Norderstedt
ISBN 9783754304457

INHALT

EINSTIMMUNG

Schimpfwörter sind aus unserem Leben nicht mehr wegzudenken. Der Mensch braucht sie, um „Dampf abzulassen". Als Mittel der Wahl gelten sowohl Leute und Tiere, als auch Dinge oder anderes. Zu „Schimpf" gehört Scherz und Spaß ebenso wie Spott und Hohn. Selbst wenn wir uns fest vornehmen, Schimpfwörter künftig zu meiden, wird es uns nicht gelingen.

Zum Glück gibt es aber auch noch die Kosewörter. Sie geben dem ganzen Gefüge etwas Liebes, Warmherziges, Schmeichelhaftes. Und darauf wollen wir nun wirklich nicht verzichten!

Deshalb schicken wir mit diesem Büchlein nicht nur einen Giftzwerg in unterschiedlichsten Versionen auf Reisen, sondern ebenso das geliebte Honigmäulchen. Mit seinen Streicheleinheiten ist es zweifelsfrei zu erkennen, ganz gleich, welche Gestalt wir ihm geben. Der Zwerg versteckt sich hinter den Schimpf-, die Biene hinter den Kosewörtern. Bis sie letztendlich zusammentreffen. Aber bis dahin ist es ein weiter Weg…

Gestatten Sie uns noch eine Bemerkung:

Als die Idee zu diesem Büchlein geboren wurde, hätten wir nie gedacht, wie schwierig es ist, vor allem Schimpfwörtern einen geistvollen Rahmen zu geben. Legen Sie deshalb bitte nicht jedes Wort auf die Goldwaage. Da wir es aber unbedingt versuchen wollten, stellten wir schließlich fest, dass die Zahl der Schimpfwörter, die uns im Kopf herumspukte, die der Kosewörter um einiges übersteigt. Hier gibt es noch erheblichen Nachholbedarf. In der Poesie ebenso wie im Leben.

Na dann!

Mit einem besonderen Gruß an unsere Mitstreiterinnen und Mitstreiter der Poeten vom Müggelsee:

Rosel Ebert, Volker Krastel, Klaus G. Lonvitz, Jürgen Molzen

SCHIMPFEN ZU KOSEN VERHÄLT SICH
WIE DISTELN ZU ROSEN

Schimpfwörter, sie gehör´n nun mal zum Leben,
drum muss es auch die Kosewörter geben.
Zu einem Ausgleich sollt´ man kommen,
sonst bleibt der Mensch doch sehr beklommen.

Schimpfwörter gibt´s in großer Zahl,
da treffe man die richt´ge Wahl,
und Kosewörter erster Klasse,
die gibt es auch in großer Masse.

Blöder Ochse! – Dumme Kuh!
Wer das hört erschrickt im Nu.
Zimtziege! und *Ziegenbock!*
sorgt wohl auch für einen Schock.

Märchenprinz! und *Süße Maus!*
lösen aber Freude aus.
Himbeermund! und *Kuschelbär!*
Machen jedoch auch viel her.

Schimpfwörter zerstören viel,
doch Kosenamen sind ein Spiel!
Klaus G. Lonvitz

GIFTZWERGE
IN HÜLLE UND FÜLLE

TIERISCHES

HORNOCHSE, HONIG- KUCHENPFERD UND MONDKALB

Es war einmal ein Hornochse. Von früh bis spät lief er im Kreis herum und schaute recht dämlich drein. Irgendwann näherte sich ihm ein Honigkuchenpferd. Es setzte sein süßestes Honiglächeln auf und hoffte, der Hornochse würde es bemerken. Der ging weiter und glotzte und glotzte. Nachdem sie beide nichts anderes taten, als vor sich hin zu schauen, getraute sich das Honigkuchenpferd, einen Schritt auf den Hornochsen zuzugehen. Nach der Devise: Weibchen sucht Männchen – egal welcher Art!

Der Hornochse machte seinem Namen alle Ehre. „Was für ein Blödian!", dachte das süßeste aller Honigkuchenpferde. „Der merkt nicht einmal, dass ich eine Stute bin, die ihn auserwählt hat!" Noch immer trampelte der Hornochse im Kreis herum und würdige die Stute keines Blickes. Zugegeben, das Honigkuchenpferd war auch nicht das schlaueste. Trotzdem kam ihm eine Idee: Es tat einen Schritt nach vorn und stellte sich dem

Hornochsen einfach in den Weg. Und, was sage ich? Tatsächlich blieb der Ochse stehen. Na klar, was sollte er auch anderes tun? Er hätte zwar links oder rechts an dem Honigkuchenpferd vorbeigehen können. Aber wäre er darauf gekommen, wäre er kein Hornochse.

So standen sie nun beide und taten nichts anderes, als sich anzuschauen. Bis der Abend kam und der Mond am Himmel erschien. Jetzt war es an ihm zu schauen. Er erblickte die beiden seltsamen Tiere und dachte bei sich: „Ein Hornochse und ein Honigkuchenpferd – das ist doch mal etwas Außergewöhnliches. So verschieden sie sind – irgendwie passen die beiden doch zusammen. Der eine ist einfältig, das andere naiv. Vielleicht kann ich ihnen ein wenig auf die Sprünge helfen."

Und weil sich der Hornochse und das Honigkuchenpferd immer weiter ebenso treu wie doof anschauten, beschloss der gute alte Mond, ihnen eine Freude zu bereiten. Doch es musste etwas sein, das sowohl zu einem Hornochsen, als auch zu einem Honigkuchenpferd passte.

Er schaute sich in seiner Kraterlandschaft um und entdeckte ein Mondkalb. Irgendwie schien es sich verirrt zu haben. „Das passt", sprach der weise Mond zu sich selbst und war recht stolz auf einen solchen Einfall. Er gab dem Mondkalb einen Klaps und es landete tatsächlich direkt bei dem trauten Pärchen auf der Erde.

Nein, nie und nimmer hatten der Hornochse und das Honigkuchenpferd mit so einer Überraschung gerechnet! Dass man allein vom Glotzen ein Kind bekommt, hatten sie wirklich nicht gewusst. Und noch dazu ein Mondkalb! Passender könnte es nun wirklich nicht sein. Seinem Wesen nach hätten die beiden tatsächlich Vater und Mutter sein können. Was wollte man mehr? Wenn das Mondkalb etwas tun sollte, was es nicht verstand, sagten die beiden anderen voller Verständnis: „Lassen wir es gut sein. Unser Kälbchen kommt eben vom Mond." Fortan lebten die drei einträchtig zusammen – ohne Zank und ohne Streit, und niemand kam ihnen in die Quere.

Fehlt zum Schluss noch die Lehre aus dem Ganzen, ohne die unser Märchen nur ein halbes Märchen wäre. Ich will es Euch sagen, damit Ihr wisst, was zu tun ist, wenn auch Ihr für Euch einen Mann oder eine Frau suchen solltet:
„WENN GLEICH UND GLEICH SICH ZUSAMMENTUN, GIBT ES DIE WENIGSTEN REIBEREIEN!"

NOCH EIN HORNOCHSE

Als er ihr die Stirn bot,
setzte sie ihm Hörner auf!
Jürgen Molzen

ZICKENDIALOG

Eine Zicke
hängt am Stricke.
Neben ihr steht eine Kuh.
„Muh!"

„Warst du gestern nicht 'ne Zicke
neben mir an diesem Stricke?"
fragt die Zicke jene Kuh.
„Muh!"

„Wollt was and'res sein als Zicke
neben dir an solchem Stricke.
Bin ab heute eine Kuh.
„Muh!"

„Mäh!" sagt nun die erste Zicke.
„Bleibst ja doch an einem Stricke.
Ob nun Zicke oder Kuh."
„Muh!"
Rosel Ebert

GEDULDIGES SCHAF

Ich war ein geduldiges Schaf.
Kaum prüfte ich nach, was geschah.
Genau genommen war ich brav:
D r u m ist das dicke Ende da!
Jürgen Molzen

SCHWARZE SCHWEINE

Schwarze Schweine schwanken schwitzend,
schütteln schweigsam Schwanz und Schnute.
Scheuern schrecklich Schorf und Schrunden,
schlabbern schmatzend, schlafen schlecht.
Volker Krastel

WAGEHALS

Beim Wandern sah ich auf dem Berg
´nen Maulwurf – nach getanem Werk.
Er war stocksteif und mausetot
und sah nicht mehr das Abendrot.

UND DIE MORAL VON DEM GEDICHT?
WER HOCH WILL, DER ERLEBT´S OFT NICHT!
Jürgen Molzen

KRIECHER

Kriecher hinterlassen
eine SCHLEIMSPUR,
auf der andere
ausrutschen.
Jürgen Molzen

KRIECHER oder GLÜCKSSPIELER

Ein Regenwurm am Ostseestrand
verkroch sich in den Dünen.
Er hatte Angst vor Sonnenbrand –
gehört nicht zu den Kühnen.

Es wurde ihm nun doch zu heiß.
Die Haut begann zu glühen.
Da half auch nicht der viele Schweiß.
Er drohte zu verbrühen.

Er macht sich auf zum Dünengras.
Sucht Schutz und etwas Schatten.
Die Halme kamen ihm zupass,
weil sie noch Blätter hatten.

Als er dort angekommen war
bei Schilf und Dünenpflanzen,
da war er aller Sorgen bar
und fing gleich an zu tanzen.

Doch richtig frisch fand er es nicht.
Das hat ihn sehr ergrimmt.
Da, wenn die Sonne zu sehr sticht,
ein Wurm das übel nimmt.

Nun suchte er sich abzukühlen
und grub sich tiefer in den Sand.
Er musste zwar erheblich wühlen
bis er ein laues Plätzchen fand.

Der Fleiß war von Erfolg gekrönt.
Dazu kam dann noch etwas Regen.
Der Wurm nun voller Freude stöhnt.
Das kann sein Name auch belegen.
Volker Krastel

FALSCHE SCHLANGE

Eine falsche Schlange kann selbst
das Paradies vergiften!
Rosel Ebert

SAUHUND

Der Sauhund bellt wild
und scheißt auf´s Weltbild!
Jürgen Molzen

FLIEGEN – MISTVIECHER I

Ich wollte mich zur Ruh begeben,
da summte es im Zimmer.
Ein Brummer wollte sich bewegen,
brummt unentwegt und immer.

Das stört, ich komm nicht in den Schlaf,
jetzt sitzt er auf dem Bette.
Erneut ein Schlag, der ihn nicht traf –
zwei brummen um die Wette.

Ich mache Licht. Nun ist es still.
Die Fliegen sind verschwunden.
Das ist ein Spiel, das ich nicht will.
Das dauert sicher Stunden.

Kaum ist es dunkel, geht es los.
Die beiden Flieger starten.
Ich heb den Arm, die Wut ist groß –
ich will jetzt nicht mehr warten.

18

Da setzt sich eine
an die Wand.
Die Hand schnellt vor,
will schlagen.
Was nun passiert
ist wohlbekannt –
ein Fehlschlag sozusagen.

Es sitzt der andre große Brummer
jetzt an der Zimmerdecke.
Vorbei ist es mit meinem Schlummer,
zur Decke ich mich strecke.

Doch wieder geht der Einsatz fehl –
die Fliege fliegt längst weiter.
Spür einen inneren Befehl:
Du holst jetzt eine Leiter!

Bei mir mischt Trauer sich mit Wut.
Was kann ich denn noch tun?
Die Fliegen jagen, schön und gut –
ich will jetzt endlich ruhn.

Und plötzlich, keiner weiß warum,
ist ´s still, kein einz´ger Laut.
Es ist beendet das Gebrumm –
doch mir die Nacht versaut!
Volker Krastel

19

WESPEN – MISTVIECHER II

Eins –
meins oder Deins?
Das Glas unverschlossen,
hab den Honig genossen.
Zwei, dann plötzlich sind ´s Drei.
Die Vier – klatsch –
gehört mir!
Fünf, Sechs, Sieben –
ich fühl mich getrieben.
Acht –
mein Zorn ist entfacht.

Will nach Euch langen,
bald seid Ihr gefangen!
Zu Ende der Spaß –
acht Wespen im Glas.
Neun oder zehn?
Ich kann es nicht sehn!
Was für ein Graus –
ich helfe Euch raus…
Nehme den Honig
und gehe ins Haus!
Rosel Ebert

MUSIKALISCHES

ALTE FLÖTE

Dem Pfeifkessel, der mich empörte,
weil er oft beim Rasieren störte,
so dass ich mich – wie eben – schnitt,
gab ich heut früh endlich eins mit.

Ein Griff zur Pfeife und zum
Hammer,
zwei Schläge und kein
Katzenjammer:
Als ich die Ruhe froh
empfand,
war mir mein Kessel
durchgebrannt!
Jürgen Molzen

ARSCHGEIGE

Man muss zusehen, wo man bleibt,
fiedelte die Arschgeige selbstgefällig –
da hatte ihre letzte Saite das Leben ausgehaucht.
Rosel Ebert

ARSCHGEIGE HAT SCHON EINEN MISSKLANG

Die trübe Tasse Margot war wie oft
so missgestimmt, und meistens unverhofft.
Zwei Freunde ärgerten sich drüber –
es war den beiden langsam über,
sich mit ihr weiter abzugeben.
Sie mussten es zu oft erleben.
„Ich hab´ die Arschgeige schon satt,
die immer was zu meckern hat!"
So sprach verärgert dann der eine.
„Wir lassen sie mal wochenlang alleine.
Zur Zeit ist eine Saite wohl bei ihr gerissen,
das bringt den Missklang – sie wird uns sehr
schnell vermissen!"
So stimmte beipflichtend der andre zu,
und beide hatten wirklich lange Ruh´.
Klaus G. Lonvitz

MIßGLÜCKTE PARTNERSUCHE

KLETTE

Ein Jeder fühlt sich
stets gestresst
klebt eine Klette allzu fest.
Denn will man sich von ihr befrei´n,
dann reist bestimmt die Hose ein.

Wenn sie zu sehr am Liebsten hängt,
dann fühlt sich dieser oft bedrängt.
Er würde sie gern besser kennen,
bevor sie sich ein Pärchen nennen.

Ist etwas gleichsam angeklammert,
verständlich, dass dann jemand jammert.
Bis zwei endgültig zueinander finden,
so sollten sie sich erstmal locker binden.
Volker Krastel

XANTIPPEN

Xantippe war die Frau von Sokrates,
mit Streitsucht machte sie wohl ewig Stress.
Sie stritt sogar mit ihrem Philosophen,
sehr wild und nicht in Versen oder Strophen.

Gezeter wird es nur gewesen sein,
wenn sie so anfing blieb er gern allein.
Das wird ein jeder Mensch verstehen –
wer liebt schon so ein Streitgeschehen?

Xantippen werden deshalb Frau´n genannt,
sind sie als Streitsuchende weit bekannt,
ja Gift und Galle lauthals spucken
und dabei wie ´ne Hexe gucken.

Um Fleischvergiftung zu vermeiden
und Blutverlust und großes Leiden,
sollt´ man Xantippen
eines doch verheißen,
bei Streit könnt´ man sich
in die Zunge beißen.
Klaus G. Lonvitz

HALBWELTDAME UND
HALSABSCHNEIDER

`ne Halbweltdame und ein Halsabschneider
sind sich im Hausflur begegnet.
Er war in Jeans. Doch sie trug teure Kleider.
und draußen hat es geregnet.

Er fragte sie, ob sie hier wohne?
„Das geht sie gar nichts an."
Sie dachte, dass ein Flirt nicht lohne
mit solch einem Liederjan.

Sie wollte nun schnell weg von hier.
Doch jetzt versprüht er Charme.
Hält einen Schirm. Ein echter Kavalier –
und reicht ihr seinen Arm.

So gehen sie nun durch den Regen
und schauen sich schweigend an.
Der Schirm kam ihr hier sehr gelegen.
Doch ist das der richtige Mann?

Wie die Geschichte weitergeht
ist leider im Dunkeln geblieben. –
Das Schicksal ist nun mal verdreht
und viel wird darüber geschrieben!
Volker Krastel

MISS „TIEFGEKÜHLT" UND MISTER WIDERLING

Miss „Tiefgekühlt" und Mister „Widerling",
die trafen sich zum 5 Uhr Tee.
Sie trugen beide keinen Ehering
und suchten nach dem Glück in spe.

Als sie sich in die Augen sahen,
da wird´s dem Widerling urplötzlich kalt.
Und auch die Miss erkennt im Nahen:
Der Mann ist hässlich und für mich zu alt.

Doch da sie beide äußerst höflich waren,
setzten sie sich zu einem Glase Wein.
Der Widerling wollte natürlich sparen
und goss sich heimlich selbst nur Wasser ein.

Miss „Tiefgekühlt" hat das verstimmt.
Der Widerling erzählt unsinnige Geschichten,
was nun die Miss doch sehr ergrimmt.
So steht sie jählings auf, um möglichst schnell
zu flüchten…
Volker Krastel

TREULOSE TOMATE

Eine treulose Tomate
geriet ins Grübeln,
und keiner konnte es
ihr verübeln.
Sie sann und sann von früh bis spät,
warum ihre Kopffarbe sie verrät.
Untreue zu leugnen gelingt ihr nicht –
mit rotem Kopf
wird sie stets erwischt!
Rosel Ebert

WÄRMFLASCHE UND EISZAPFEN

Du bist meine „Wärmflasche mit Ohren",
ohne Dich wär´ ich gänzlich verloren.
Doch findest Du mich gar nicht nett,
als eisigen Zapfen im Bett…
Jürgen Molzen

CHARAKTERSCHWÄCHEN

GEIZHALS ODER GEIZKRAGEN

Wenn es um Hals und Kragen geht,
kann´s einer von den beiden sein.
Ein Knicker, der alleine steht,
sitzt in der Kneipe meist allein.

Knickstiebel finden keine Frau.
Wer will den Pfennigfuchser
haben?
Der Knauser ist ´ne arme Sau,
sein Geld soll ihn alleine laben.
Klaus G. Lonvitz

GIERSCHLING UND GEIZKRAGEN

Ein Gierschling und ein Geiz-
kragen trafen sich an einer Weg-
kreuzung. Der eine Weg führte auf den Berg
Allesmeine, der andere ins Tal *Nimmersatt*.

Gierschling und Geizkragen gerieten ins Grü-
beln. Welchen der beiden Wege sollten sie ein-
schlagen? *Allesmeine* kam dem Geizkragen gerade
recht, während der Gierschling die Richtung

Nimmersatt ins Auge fasste. Doch auch der jeweils andere Weg schien den beiden zu gefallen. Aber einer ging nur. Da beißt die Maus keinen Faden ab!

Sie sannen und sannen. Sollten sie nun zugunsten des anderen einfach auf das verzichten, was im Tal oder auf dem Berg zu holen war? Soll sich der andere die Taschen vollstopfen und er selbst geht leer aus? – dachte der Gierschling. Stiehlt der andere mir die besten Brocken? – ging es dem Geizkragen durch den Kopf. Beide konnten und konnten keine Entscheidung fällen. Noch am nächsten Tag standen sie ratlos an der Wegkreuzung. Und am übernächsten, überübernächsten und so fort…

Nachdem eine unendlich lange Zeit vergangen war, kam ihnen eine Idee: Was wäre, wenn sie zusammen gehen? Erst nach oben, dann nach unten? So hätten sie die Chance, den Mitläufer nicht aus dem Auge zu lassen und sowohl auf dem Berg als auch im Tal wenigstens die Hälfte des Gewinns für sich zu erobern. Aber: Gingen sie getrennt, würde die Ausbeute dann nicht letztendlich auch halbiert, wo doch jeder von beiden alles wollte?

Nichts, aber auch gar nichts, fiel ihnen ein. Geiz und Habgier behielten die Oberhand. Da sie nicht teilen wollen, stehen sie noch heute mit leeren Taschen an der Wegkreuzung, und wir können nur hoffen, dass irgendeiner vorbeikommt und ihnen auf die Sprünge hilft. Denn die Erkenntnis liegt klar auf der Hand:
WER DEN HALS NICHT VOLLKRIEGT, HAT AM ENDE DAS NACHSEHEN. SO WAR ES SCHON IMMER, UND SO WIRD ES AUCH BLEIBEN!
Rosel Ebert

AHNUNGSLOSER SPINNER

Ach, ahntet ihr, was ich erahne!
Dann wüsstet ihr, was ich erahn´!
Doch ahne ich, was i c h erahne,
ahnt ihr nicht. Nicht mal
im Wahn!
Jürgen Molzen

KLUGSCHEIßER

Ein GIFTZWERG meint, er sei gebildet,
und dafür hat er allen Grund:
Auch ohne Fach- und Hochschulbildung
half ihm sein arglistiger Mund!
Jürgen Molzen   30

LÜGENMAUL

Es war einmal ein Lügenmaul,
das ständig lügt und übel flunkert.
Für Wahrheit war es wohl zu faul,
hat´s Schuldbewusstsein eingebunkert.

Der Lügner hat früh angefangen
und schon als Kind ganz unverhohlen,
heimtückisch und mit leichtem Bangen,
´ne Murmel seinem Freund gestohlen.

Er half, als sie verschwunden war,
dem Freund sogar beim Suchen.
Der ward´ der Wahrheit nicht gewahr –
man hörte nur sein Fluchen.

Der Lügner hielt sich für gescheit,
der andere war voll Vertrauen.
Doch ging das Lügen dann zu weit –
der Freund begann ihn zu durchschauen.

ES TAUGT DIE BESTE LÜGE NICHT,
DAS KARTENHAUS FÄLLT EINMAL EIN.
JEGLICHE FREUNDSCHAFT SO ZERBRICHT,
DRUM LASST DAS LÜGEN BESSER SEIN!
Volker Krastel

WICHTIGTUER

Wenn etwas stört,
dann sind es die
verkannten
Dilettanten.
Ganz unerhört:
Diese Art und Weise
zieht weite Kreise!

Wenn einer nur glaubt,
dass er etwas weiß,
und macht sich wichtig,
so sag ich:
Was für ein Scheiß!
Auf den verzicht´ ich!
Volker Krastel

SCHLITZOHR

Ich will dir heute sagen,
dass ich dich heut nicht
brauch´!
Denn du liegst mir im
Magen,
ich hoffe, ich dir auch!
Jürgen Molzen

VABANQUESPIELE

LAUSEBENGEL

Ach wäre doch mein wilder Bengel
Endlich mal ein braver Engel
Hörte auf mit dem Gequengel

Würde still sein Frühstück essen
Statt mit mir die Kraft zu messen
So als sei er ganz besessen

Liebte Ordnung hier und dort
Trödelte nicht immerfort
Lief zur Schule als wär´s Sport

Machte das was ich ihm sage
Stellte nichts davon infrage
Sei ein Lämmchen alle Tage

– – –

Ach was red´ ich für ´nen Mist
Leben geht nicht ohne Zwist
Soll er bleiben wie er ist!
Rosel Ebert

KRITIKASTER

Er greift sie an, die menschlichen Schwächen,
und zeigt sie andern Leuten auf.
Über *eigene* wird er kaum sprechen.
Kritiklos nimmt er sie in Kauf.
Jürgen Molzen

OLLER GRIESGRAM!

Mürrisch geht der Alte zu
seinem Tisch. Auch heute
wieder. „Oller Griesgram!"
sagen die Leute, wenn sie
ihn sehen. Nichts kann ihn erfreuen und niemand
macht es ihm recht. Schon eine ganze Weile geht
das so. Früher – ja früher – war er ganz anders:
lustig, aufgeschlossen, hatte immer ein freundli-
ches Wort auf den Lippen. Doch mit dem Tod
seiner Frau veränderte er sich schlagartig. Über ein
Jahr ist das nun her. Nicht einmal seine Kinder
konnten ihn aufheitern und aus der Erstarrung
lösen. Im Gegenteil. Waren sie es doch, die ihn ins
Altenheim abgeschoben haben. Über die Not-
wendigkeit, die einer solchen Entscheidung zu

Grunde lag, wollte er einfach nicht nachdenken.

Am Anfang zeigten sich die Leute in seiner Umgebung verständnisvoll. Einige bemühten sich um ihn, andere ließen ihn erst einmal in Ruhe. Doch jegliches Entgegenkommen wies er schroff zurück. Allmählich verloren auch die Geduldigsten die Lust, ihn einzubeziehen. Keiner hielt es lange in seiner Nähe aus. „Wenn der Alte es nicht anders will", sagten sie, „muss er sehen wo er bleibt." Und so erhielt er den Namen „Oller Griesgram", wobei es immer einsamer um ihn wurde. Die Plätze an seinem Tisch blieben leer. Bis heute…

Schauen wir wieder auf den Anfang: Wie stets geht der Alte mürrisch zu seinem Tisch. Doch plötzlich stutzt er. Was sollte denn das bedeuten? Da sitzt tatsächlich bereits ein anderer. Genau seinem angestammten Platz gegenüber. Der Alte wirft einen verstohlenen Blick in dessen Richtung und merkt, dass ihn irgendetwas verwirrt. Irritiert lässt er sich nieder und kneift für einen Moment die Augen zu.

Hat er Halluzinationen? Sein Gegenüber kommt ihm bekannt vor. Die zusammengesunkene Haltung, der hängende Kopf, die niedergeschlagenen Augen zeugen von Abwehr und Desinteresse. Aber wieso glaubt der Alte, diesen Mann und dessen Namen zu kennen? „Das ist doch…, das ist doch…" schießt es ihm durch den Kopf, kein anderer als er selbst. Ganz unvermittelt öffnet er seinen Mund und fast von allein fallen die Worte heraus: „Oller Griesgram!" und noch einmal „Oller Griesgram!"

Plötzlich wird der Alte hellwach. Er ärgert sich maßlos. Was will der von ihm? Wenn er schon an seinem Tisch sitzt, dann kann er wenigstens ein freundliches Gesicht machen. Eine derartig abweisende Haltung muss der Alte nun wirklich nicht hinnehmen. Vielleicht sollte er dem Anderen einen Schubs geben? Oder selbst einmal versuchen, ihn anzulächeln? Oder ihm wenigstens einen guten Tag wünschen? So kann man doch nicht miteinander umgehen…

Und nun passiert etwas, was den Leuten im Heim noch nach Jahren Gesprächsstoff liefert. Der „Olle Griesgram" beginnt, sich zu verändern und er wird dem Menschen, der er vor dem Tod seiner Frau war, wieder zum Verwechseln ähnlich. Es dauert nicht lange, da finden die Leute, dass der Name „Oller Griesgram" nun wirklich nicht mehr passt. Sie erinnern sich daran, dass auch der Alte einen richtigen Namen hat. Von jetzt an gehört er zur Gemeinschaft, so als wäre es nie anders gewesen.

Doch wenn die Enkel ihre Großeltern im Heim besuchen, dann kann es schon passieren, dass irgendjemand auf das Wunder verweist, dass sich hier zugetragen hat. Denn je mehr die Zeit vergeht, umso seltsamer erscheint den Leuten die unverhoffte Wandlung des Alten, und sie stellen sich die Frage, ob das Gegenüber an seinem Tisch tatsächlich Wirklichkeit war oder nur der Fantasie des „Ollen Griesgram" entsprungen ist, der es einfach satt hatte, so einsam zu sein und plötzlich verstand, was er daran ändern muss.

Rosel Ebert

 FEDERFUCHSER

Literaten, sind sie schlau,
erschreiben sich ´nen HAUS-NEU-BAU!
Doch Federfuchser schaffen ´s nie,
mit kleinlicher Pedanterie.

Jürgen Molzen

PARAGRAPHENREITER

Ein Mensch, der Hilfe sucht beim Amt
und glaubt, dass ihm dort Recht geschieht,
erwartet Handschuhe aus Samt
und ein verständiges Gemüt.

Noch ist er sichtlich froh und heiter,
doch unser Mensch trifft ´s gar nicht gut.
Sein Gegenüber – leider, leider –
raubt ihm von Anfang an den Mut.

Der Mensch zeigt brav sein Formular,
was sein muss, das muss eben sein.
Er schwört, all das sei wirklich wahr.
Der Amtmann – er schaut böse drein!

„Die Vorschriften sind sehr genau,
sie geben keinen Spielraum her."
Der Mann vom Amt tut sichtlich schlau.
Der Mensch setzt zaghaft sich zur Wehr.

Es steigt die Wut jetzt in ihm auf,
mit Sanftmut kommt er hier nicht weiter.
Dreht sich rasch um – schon halb im Lauf –
brüllt er: „Sie Paragraphenreiter!"

WAS LEHRT UNS DAS?

SELBST WENN ES SCHADET:
MAN MACHE SEINEM ÄRGER LUFT!
KEIN MENSCH, DER TIEF IN MITLEID BADET,
BESIEGT SICH SELBST UND EINEN SCHUFT!
Rosel Ebert

KRÜMELMONSTER

Winzig kleine Ungeheuer
nerven mich in Massen.
Tanzen hin und tanzen her –
krieg´ sie nicht zu fassen!

In Deiner Nähe weilen sie,
nun schon viele Tage,
Krümelmonster – ungezählt –
was für eine Plage!

Da Dir das stete Spiel gefällt,
ist es vielleicht nicht dumm:
Ich lass´ die Krümel Monster sein
und putze ringsherum!
Rosel Ebert

DÄMLACK BLEIBT DÄMLACK

Ein Dämlack brauchte einen Zaun
und sehr stabil wollt´ er ihn bau´n.
Ein Blödian gab ihm dann Rat,
erklärte diesen akkurat:

„Aus Vollpfosten würd´ ich ihn bauen,
die kannst du dir im Wald wohl klauen.
Dann musst du paar Bekloppte finden
und brauchst dich nicht alleine schinden.

 Die rammen sie dir ganz
schnell ein,
so wird der Zaun bald fertig
sein.
Du machst ein Schild dran für
Idioten:
„Für Dussel – Zugang hier verboten!"

Als dann der Zaun nun fertig war,
da wurde selbst dem Depp was klar.
Es kamen nur noch kluge Leute,
und er wurd´ ihre kesse Beute.

SIE WOLLTEN WAS ZUM LACHEN HABEN
UND SICH AN IHM, DEM DÄMLACK LABEN.
Klaus G. Lonvitz

GIFTZWERGE AN MASSE

Hört mir zu
Ihr Besserwisser
Ihr Neunmalklugen
Ihr Ignoranten
Ihr Bürokraten
Ihr Pillendreher:

Ich werfe Euch mein Geld
in den gierigen Rachen
und jeden Millimeter
meiner empfindsamen Haut.

Worte sind vergebens.
Ihr wollt nicht hören,
Ihr könnt nicht hören,
Ihr dürft es nicht!

Die Hilflosigkeit
lässt mich verstummen…
Rosel Ebert

HONIGMÄULCHEN
AUF DEM VORMARSCH

SPURENSUCHE

GLÜCKSPILZ oder PECHVOGEL

„Glück ist das Pech,
das wir nicht haben",
so hört man oft
den Spruch im Lande.

Ein ew´ger Glückspilz
kann sich laben –
Pechvögel schrein:
„Verrat und Schande!"
Klaus G. Lonvitz

HONIGMÄULCHEN

Honigmäulchen fliegt
umher,
will die Liebe finden.
Doch die Suche ist so schwer,
muss sich mächtig schinden.
Rosel Ebert

GIFTZWERG UND
HONIGMÄULCHEN

Ein violetter Rötelritterling
stand unbeachtet unter
einem Baum –
erschrak, als plötzlich etwas auf ihm ging,
er spürte es an seines Hutes Saum.

´ne Biene war ´s, die ihn besuchte
die ihn als Landeplatz benutzte.
Sie hörte wie er leise fluchte
und merkte deutlich, dass er stutzte.

Sie sagte: „Leute waren eben hier

und meinten, dass du wohl
ein Giftzwerg bist,
drum bin ich, Honigmäul-
chen, nun bei dir
und schützte dich gewitzt
mit dieser List!

Ja, Leute, die dich lieben, kennen
und sich auch freu´n, wenn sie dich sehen,
sie würden dich nie Giftzwerg nennen,
weil sie von Pilzen viel verstehen.

Die Blüten haben es mir angetan,
die durch den Nektar mich betäuben.
Als Honigmäulchen sprechen die mich an
und danken mir für das Bestäuben.

Dein Violett kann ich sehr leiden,
drum will ich eines dir bekennen –
auch deine Form ist zu
beneiden,
ich möcht dich Violetti
nennen!"
Klaus G. Lonvitz

TATZEMATZ UND SCHMUDDEL –
KÖPFCHEN

Tatzematz und Schmuddelköpfchen
bauen sich ein Haus.
Tatzematz und Schmuddelköpfchen
ziehen nie mehr aus.
Schmuddelputz und Tatzenpfötchen
breiten sich auch aus.
Schmuddelputz und Tatzenpfötchen
schaun zum Fenster raus.

Tatzentier und Schmuddelpüppchen
lieben sich gar sehr.
Tatzentier und Schmuddelpüppchen
werden immer mehr…
Rosel Ebert

HERZBUBE, DER SIEGER

Zwei Eheleute spielten gerne Skat,
Herzbube war sein Kosename,
was er, beglückt, als gut empfunden hat,
er nannte sie dafür Herzdame.

Sie lebten glücklich viele Jahre,
im Skatklub hat man ´s viel bestaunt.
Es gab auch andre Ehepaare,
die glücklich war´n und gut gelaunt.

Ein Spieler hatte sich verliebt.
Herzdame wurde sein Herzass.
Man weiß ja, dass es so was gibt.
Er flirtete ohn´ Unterlass.

Herzdame aber ließ das kalt.
Sie ignorierte diesen Wicht.
Er hat die Karten hingeknallt
und rief: „Ich dacht´ Kreuzbube sticht!"

Sie ging ganz still an ihm vorbei
und sagte: „ Mache keine Dramen!
Du bist doch ledig, also frei
und draußen warten die Kreuzdamen!"
Klaus G. Lonvitz

KURZFASSUNG

Wär die Herzdame
ihrem König treu geblieben,
dann säß sie heut nicht da
wie die Piksieben.
Klaus G. Lonvitz

HASEMUCKEL – STADLERS FRAU

In Rosenheim gibt ´s beinah jeden Tag a Leich,
damit macht die Frau Stockel Kommissare weich.
So wird der Tag für diese dann auch arbeitsreich,
und manche Leiche lag sogar in einem Teich.

Herr Stadler will von Michi Mohr dann vieles wissen –
an solchen Tagen gibt ´s für ihn kein Ruhekissen.
Wenn seine Frau anruft, er nennt sie Hasemuckel,
dann wehrt er ab, mit Bussi und mit Achtungsbuckel.
Klaus G. Lonvitz   Inspiriert durch die Fernsehserie
DIE ROSENHEIM COPS im ZDF

47

SERAFINA –
FEURIGER ENGEL
ODER SCHLANGE?

Oftmals findet man Schimpf-
oder Kosewörter in der Bedeutung eines Namens.
Das verleitet dann dazu, die betreffende Person
näher in Augenschein zu nehmen. Bestes Beispiel:
Serafina! Der Name zergeht auf der Zunge und
hinterlässt im Ohr einen nachhaltigen Klang. We-
nigstens geht es mir so. Ich denke an meine Fami-
lie und besonders an die fünf Urenkelinnen. Ihre
Namen sind alle sehr schön, aber Serafina heißt
keine. Na ja, was nicht ist, kann ja noch werden.
Vor allem auch deshalb, weil die Bedeutung des
Wortes in ihrer Zweideutigkeit durchaus schick-
salhaft erscheint.

Serafina: die Brennende, die Feurige, der Feueren-
gel – abgeleitet von dem hebräischen Wort „Sera-
phin", was einem in der Liebe brennenden Engel
gleichkommt und als männlicher Vorname gilt.
Serafina ist nun mit dem Hintergrund eines feuri-
gen geflügelten Engels das weibliche italienische
Pendant dazu. Doch Achtung! Diese Bezeichnung
wird ebenso mit einer Schlange gleichgesetzt.
Wobei wir tatsächlich die Wahl haben, uns zwi-

schen einem Kose- und einem Schimpfwort zu entscheiden. Warten wir es ab.

Die Serafina, von der hier die Rede sein soll, begegnete mir rein zufällig. Vielleicht war es auch eine Fügung des Schicksals. Wer weiß? Noch heute freue ich mich über die Entscheidung derjenigen, die uns auf unvorhersehbare Weise miteinander in Verbindung brachten.

Serafina beeindruckte mich und ich merkte sehr schnell, dass sie ihrem Namen vollauf gerecht wird. Ihr Aussehen: etwas wirr, wild, vielleicht sogar ein wenig verrückt. Mit ihren 60 Jahren  kleidet sie sich wie eine Jugendliche: bedruckte T-Shirts, enge Hosen. Farblich alles auf dem neuesten Stand. Rosa Fingernägel nicht zu vergessen! Die Pracht kleingeringelter natürlicher Locken — fast bis zur Schulter reichend — tut ihr Übriges. Oftmals fallen sie auch in ihr Gesicht und sie schüttelt den Kopf, was dem Ganzen etwas Ungestümes, Temperamentvolles gibt. Kunststück: Serafina ist Italienerin, woraus sie auch kein Geheimnis macht. In einer Zeitschrift lese ich: Frauen mit wilder Lockenpracht gelten als unangepasst und erotisch. Passt perfekt! Spätestens dann, wenn Serafina anfängt zu sprechen, merkt man an ihrem Akzent und der leicht verschnörkelten Aussprache, dass sie keine gebürtige Deutsche ist. Allerdings lebt sie bereits mehr als 40 Jahre in Deutschland, gibt aber — initiiert durch die vielen familiären Kontakte — der Verständigung auf Italienisch den Vorzug. Ihre Stimme hat einen rauen Ton, den sie einer Schilddrüsenoperation verdankt, was aber ihre Redelust ganz offensichtlich nicht eingeschränkt hat. Serafina spricht, als habe sie Murmeln im Mund. Dreimal musste ich nachfragen, als sie das Wort „Gruppe" sagt. Ich verstand „Lupe" und war mir sicher, dass das nicht allein an meinem Gehör liegt.

Ich kam zu dem Schluss, dass Serafina von ihrem Wesen her genauso ist, wie sie aussieht: ein wenig chaotisch, offen für alles Ungezwungene. Dabei weiß sie genau, was sie will. Und sie hat ihre Eigenheiten. Wird sie gesucht, so kann es durchaus sein, dass sie „Eine rauchen" gegangen ist. Sehr oft übrigens, viel zu oft, wie ich finde. Und das auch nachts. Da Serafina wegen ihrer Rückenschmerzen nur sehr schlecht schlafen kann, gehört es zu ihren nächtlichen Beschäftigungen, trotz Novemberkälte laufend zum Rauchen vor die Tür zu gehen. Auf dem Balkon ist das nicht erlaubt. Daran hält sie sich, obwohl das sicher keiner merken würde. Auf dem Balkon lüftet Serafina jeden Morgen um fünf Uhr ihre Betten. Auch davon bin ich beeindruckt. So etwas würde mir nie im Leben einfallen.

Ich erlebe Serafina mal so und mal so. Entweder ist sie rede- und wanderlustig, oder sie kämpft mit Rückenschmerzen und zieht sich zurück. Doch letzteres eher selten. Dann allerdings fühlt sie sich von Gott und der Welt missverstanden, was ich durchaus verstehen kann und kreuzt bei der Schmerzskala in schönster Regelmäßigkeit die 10 als stärkste Variante an. Mehr geht nicht. Ich hoffe, dass es ihr etwas nützt und bin nun wieder bei der Frage, ob Serafina in Auslegung ihres Namens ein Kose- oder ein Schimpfwort verdient. Ist sie tatsächlich der sympathische feurige Engel oder doch gar eine Schlange? Ich entscheide mich dafür, Serafina die Rolle zuzuschreiben, die ihr am besten gerecht wird: Vor meinen Augen erscheint sie als FEURIGER ENGEL IN SCHLANGEN-HAUT!

Anmerkung: Mit der Schlangenhaut ist selbstverständlich nur ihre hautenge glänzende Kleidung gemeint. Was sonst?

Rosel Ebert

AUF DER ZIELGERADEN

ZUCKERSCHNECKE I
UND IHR GÖTTERGATTE

Er nannte sie gern Zuckerschnecke
und ging mit ihr zur Liebesecke,
wo ihre Herzen sich verbanden,
ja, liebend sie zusammenfanden.
Er leise: „Kennst Du diese Hecke?"

Sie nannte ihn gern Göttergatte,
weil keine einen solchen hatte,
er war ein Netter, Liebevoller,
sie meinte, keiner wäre toller.
Er packte sie, wie ´s heißt, in Watte.
Klaus G. Lonvitz

NOCH EINMAL
HONIGMÄULCHEN

Honigmäulchens süßer
Mund,
ward vom Löwenmaul ge-
bissen.
Nun ist Honigmäulchen wund…
findet sowas ganz be……..! *Rosel Ebert*

GOLDLÖCKCHEN

Auf ihren Schultern
ruhten gold´ne Locken,
die ganz natürlich
Männerherzen locken.
Tom sah sie in der
Sommersonne schillern –
zur Zeit, wenn Lerchen ihre Lieder trillern.

Er machte ihr Avancen, nannte sie Goldlöckchen,
da er sehr nett war, läuteten bei ihr die Glöckchen.
In Rendezvous erwachten ihre Triebe –
sie führten beide in den Rausch der Liebe.

Es kam dann auch zu einem ehelichen Bund,
Berührungen, sie gingen oft von Mund zu Mund.
Sie war´n im Fischlokal, beim Bäcker oft zu seh´n;
denn Schillerlocken konnten sie nicht widersteh´n.

Wenn ihre gold´nen Locken schillerten im Wind,
so dachte er, dass das auch Schillerlocken sind.
Doch echte bieten Fischgeschäfte und die Bäcker –
sie sind verführerisch und schmecken wirklich lecker.
Klaus G. Lonvitz

ZUCKERSCHNECKE II

Eine kleine Zuckerschnecke
kringelt sich im Kreis.
Hofft, dass man sie bald entdecke –
frisch und süß und heiß.

Sie gefiel dem Bäckerjungen.
Ach, man glaubt es kaum!
Hat sie viel zu rasch verschlungen –
aus der schöne Traum!
Rosel Ebert

BLONDER ENGEL

Er hatte Glück:
Sein blonder Engel
entpuppte sich als
TEUFELS-WEIB.
Jürgen Molzen

TEDDYBÄR

Mein lieber dicker Teddybär,
wir laufen um die Wette.
Ich warte noch, du rennst voraus –
wenn ich Dich bloß schon hätte!

Bis gestern warst Du noch so schlapp –
was ist mit Dir geschehen?
Du läufst und spurtest mühelos,
ich kann Dich kaum noch sehen.

Doch dann geht Dir die Puste aus,
ich fange an zu lachen.
Hole im Endspurt richtig auf –
was sind das bloß für Sachen?

Wir gehen aufeinander zu
und schwören Stein und Bein:
Ist Laufen noch so sehr gesund –
wir lassen ´s künftig sein!
Rosel Ebert

KOSEWÖRTER AN MASSE

Es ist die Frau meiner Träume
wahrhaftig ein süßer Fratz.
Sodass ich es nicht versäume,
zu bekennen: Sie ist ein Schatz!

Sie ist meine Augenweide,
meine Elfe, mein Engel,
mein Schwarm.
Beim Ausgeh'n im Abendkleide
zeigt sich ihr reizender Charme.

Sodann umarmt mich mein Schätzchen,
ich küss' ihre Lippen geschwind.
Sie maunzt wie ein Schmusekätzchen,
lacht süß wie ein goldiges Kind.
Volker Krastel

–CHEN UND –LEIN
MACHEN ALLE DINGE KLEIN

„Mein Samtpfötchen und Hasilein,
soll das entschuldigend wohl sein?
Geschimpft hast du heut früh mit mir –
benanntest mich als Trampeltier!"

So klagte eine Frau zum Mann.
Man weiß wie das passieren kann,
sie hat ihn aus Verseh´n getreten
und hörte ihn dann laut trompeten.

„Ich weiß, dass du noch sauer bist –
Entschuldigung hatt´ ich vermisst!
Ich geb´ dir ein Versöhnungsküsschen,
du bleibst und bist mein Rübensüßchen!"

Das sagte er zum Herzzerreißen,
sie ließ sofort das Umsichbeißen.
Der Kuss, den er ihr dann geschenkt,
hat alles wieder eingerenkt.
Klaus G. Lonvitz

GIFTZWERG
TRIFFT HONIGMÄULCHEN

GIFTZWERG UND HONIGMÄULCHEN. . . DAS DICKE ENDE KOMMT NOCH – ODER NICHT?

Ein boshafter Mensch ist ein Giftzwerg.
Du kannst ihm überall begegnen. Sein böser
Blick kann dich treffen.

Nichts Böses ahnend, kann durch einen Gift-
zwerg deine Beziehung auseinandergehen. Oder
auch nicht, wenn du Glück hast.

Aber, da ich solche Giftzwerge nicht persönlich
kenne, halte ich mich lieber an meinen Wahl-
spruch:
Fröhliche Gelassenheit
hilft über manch´ schlimme Zeit.

Da ich sehr gern Süßigkeiten nasche, unter an-
derem Pfefferminz-Creme, Schokolade und
Honig, halte ich es mehr mit *Honigmäulchen.*

Für mich ergibt sich bezüglich des Giftzwergs in
Corona-Zeiten eine Frage:
Ist er geimpft, genesen, getestet oder
geboostert? Und eine weitere:

Wenn es Giftzwerge gibt, müsste es nicht dann
im Rahmen des Gender-Wahns *Zwerginnen* und
Bösewichtinnen geben? Sei es wie es sei,
eines steht fest:

Wenn GIFTZWERG*IN und
HONIGMÄULCHEN aufeinander treffen, ist
nicht sicher, wer gewinnt!
Ich setz natürlich auf Honigmäulchen.
Aber: Corona hat unser Land verändert. Vieles
wird ignoriert und klein geredet. Wollen wir
hoffen, dass die Vernunft die Oberhand
behält und gegenseitiges Verständnis weiter hilft.
Dann könnten sich sogar
annähern:
GIFTZWERG und HONIGMÄULCHEN . . .

FAZIT:
Wenn GIFTZWERG
HONIGMÄULCHEN trifft,
dann kann man was erleiden.
Wir lesen ´s dann als Niederschrift:
Den GIFTZWERG sollt´ man meiden!

Oder vielleicht doch nicht?
Jürgen Molzen

WAS PASSIERT NUN,
WENN GIFTZWERG TATSÄCHLICH
HONIGMÄULCHEN TRIFFT?

Das ist eine spannende Geschichte, und die geht so:

Giftzwerg und Honigmäulchen wohnen zusammen mit vielen anderen Lebewesen im Märchengarten. Doch da der riesengroß ist, sind sie sich bisher noch nicht begegnet. So wie alle verbringen sie viel Zeit damit, das zu tun, was ihnen gerade gefällt.

Der Giftzwerg hat es sich zur Aufgabe gemacht, jeden zu ärgern, der sich ihm nähert. Er ist eben ein richtiger Giftzwerg.

Die kleine Biene Honigmäulchen dagegen fliegt immer fröhlich umher und wirft mit süßen Küssen um sich, sodass alle, die sie kennen, mit ihr befreundet sein möchten.

Eines schönen Tages hört nun der Giftzwerg von Honigmäulchen. So eine Spielgefährtin möchte er auch haben. Unbedingt! Er reckt sich in die Höhe, um etwas größer zu erscheinen und ruft mehrfach ihren Namen so laut, dass es durch den ganzen Märchengarten schallt. Honigmäulchen lauscht voller Erstaunen und folgt dann tatsächlich seinem Ruf. Doch statt die Biene nun freundlich zu empfangen, setzt

der Zwerg sofort eine grimgrimmige Miene auf und beginnt, Gift zu sprühen. Kein hässliches Wort lässt er aus, um Honigmäulchen zu beschimpfen.

Was soll das bloß? Nicht nur Honigmäulchen, auch die Freunde, die das Bienchen begleiten, sind sichtlich verwirrt. Die Katze Samtpfötchen fährt ihre Krallen aus, das Hündchen Brausekopf bellt ohne Ende. Sogar die Eidechse Bangbüchse reckt ihren Körper mutig in die Höhe. Und der Giftzwerg? Eigentlich, sinnt er, käme ihm Honigmäulchen als Freundin gerade recht. In Gedanken spürt er ihre sanften Flügel, die ihn streicheln. Dass es dem Zwerg nach süßen Küssen gelüstet, wagt er sich kaum einzugestehen. Auf jeden Fall müsste er jetzt supernett sein, um alle anderen auszustechen, doch es gelingt ihm einfach nicht. Irgendetwas muss passieren, denn Honigmäulchens Freunde liegen auf der Lauer, um sich auf ihn zu stürzen, sollte er der Biene etwas Böses antun.

Giftzwerg kommt ins Grübeln. Bis heute war er davon überzeugt, dass er seinem Namen Ehre machen muss. Ein Giftzwerg ist eben ein Giftzwerg! --- Muss er Gift und Galle sprühen, weil er so heißt?

Oder heißt er so, weil er Gift und Galle versprüht? Der Giftzwerg ist schon ganz wirr im Kopf. Dieser verdammte Name! Vielleicht kann es ihm gelingen, wenigstens das Wort „Gift" zu streichen. „ Zwerg" allein, hört

sich doch gleich viel vorteilhafter an. Die Märchengartenbewohner besitzen fast alle so schöne Namen: Das Eichhörnchen Wonneblitz zum Beispiel. Oder das Turteltäubchen und der Laubfrosch Nippelditsch. Honigmäulchen, auch Bienchen oder Bienlein genannt, sowieso.

Während die anderen Mitbewohner weiter auf ihren Beobachtungsposten bleiben, beschließt der Giftzwerg, ab sofort einen anderen Namen zu führen. „Wichtel", „Knirps" oder „Stöpsel" käme auf jeden Fall in Frage. Allerdings merkt er sofort, dass es so einfach nun doch wieder nicht geht. Hängt die Freundlichkeit tatsächlich allein vom Namen ab? Also seine Angriffslust ist keineswegs geringer geworden. Noch immer fallen ihm die giftigen Worte wie Kröten aus dem

Mund. Und, wie es voraussehbar war, haben die anderen nur darauf gewartet. Der Märchengarten verwandelt sich in einen Hexenkessel. Das Bellen, Fauchen, Zischen, Kreischen ist bis ans andere Ende zu hören.

Nun ist es an der Zeit, dass Honigmäulchen eingreift. „Halt", versucht die Biene mit ihrem liebreizenden Stimmchen durchzudringen. Und noch einmal: „Halt! Wollt ihr Gleiches mit Gleichem vergelten?" Dabei summt Honigmäulchen zuckersüß, während es den Giftzwerg freundlich anschaut und nun wahrhaftig seine Wangen streichelt. Alle sehen abwartend zu. Doch mit dem, was nun geschieht, hatte wirklich niemand gerechnet. Als sei ein Wunder geschehen, fallen die hässlichen Worte von dem Giftzwerg ab. Kein Schimpfwort kommt mehr über seine Lippen. Und alle Angriffslustigen tun es ihm gleich.

Wie friedlich es im Märchengarten zugehen kann, wenn keiner einem anderen übel mitspielt, dachten sie bei sich und nahmen den Giftzwerg in ihre Mitte auf. Da er so sanft dreinschaut, tun die Märchengartenbewohner ihm den Gefallen, und wählen einen seiner Lieblingsnamen für ihn aus.

Natürlich ohne „Gift", Ehrensache!

UND DIE MORAL VON DER GESCHICHT:
LASST EUCH NICHT PROVOZIEREN.
SEID NETT, DANN ZEIGT DER BÖSEWICHT,
BALD BESSERE MANIEREN!
STATT SCHIMPFWORT WÄHLT EIN KOSEWORT,
DAS FEIND UND FREUND GEFÄLLT.
DIE LIEBE BLEIBT SO IMMERFORT
BESTIMMEND AUF DER WELT.

Rosel Ebert

IN EIGENER SACHE

ROSEL EBERT
geb. 1943 in Leipzig

VERFLUCHT UND ZUGENÄHT

„Wann machst Du wieder ein Buch?" und „Kann ich dann dabei sein?" Es ist schon einige Monate her, dass mir einer meiner Poetenfreunde diese Fragen stellte.

Zugegeben, eigentlich wollte ich zunächst meine eigenen halbfertigen Manuskripte weiter bearbeiten. Aber dann hatte ich Blut geleckt. Die Corona-Beschränkungen machen trübsinnig und hemmen die Kreativität des Schreibens. Vor allem, wenn es um lockere vergnügliche Texte geht. Jenseits von Corona, versteht sich.

Also schaute ich in meine Bücherschränke, um irgendeine Anregung zu bekommen. Und tatsächlich. Unter den DDR-Minibüchern vom Eulenspiegelverlag fand ich einen kleinen Lederband mit dem Titel „Verflucht und zugenäht – Schimpfwörter aus unserer lieben Muttersprache nebst einem Anhange". Im Anhange ausgewählte Kosewörter und passende Zitate.

Das ist es, dachte ich. Mein Kopf fing sofort an

zu arbeiten. Der Leitgedanke, dort als auf Erfahrung beruhendem Motto an den Anfang gestellt, reizte mich ganz besonders:

JEDES WORT EIN SCHICKSAL!

Was brauche ich aber dazu? Zuerst einen Titel, der neugierig macht und dem Anliegen gerecht wird. Aus dem bereits der Spaß erkennbar ist. Dann eigene passende Texte und solche von Mitautoren, die sich beteiligen möchten. Selbstverständlich Illustrationen, wobei ich in bewährter Weise **KARIN ORTMANN** an meiner Seite wusste, obwohl sie ja eigentlich Aquarellmalerin ist und vor allem wunderbare Landschaftsbilder vorweisen kann. Aber die Herausforderung, auch solche allerliebsten schwarzweißen Zeichnungen zu einem Büchlein beizusteuern, hat sie nun schon zum vierten Mal angenommen.

Danke, liebe Karin!

Mit einigem Hin und Her und Umwegen konnten wir das Buch also gemeinsam fertigstellen. Das Ergebnis liegt vor. Uns gefällt es und wir hoffen, den Leserinnen und Lesern ebenso. Dass ich zwischenzeitlich mehrfach „verflucht und zugenäht" dachte, sei hier nur am Rande erwähnt. Jetzt sage ich „Uff, wieder etwas geschafft!" Ich bin erleichtert. Und was kommt nun? Schau´n wir mal…

DR. VOLKER KRASTEL
geb. 1943 in Berlin

kurz und knapp:
ZWECKOPTIMIST

Ich seh´ die Welt und mich darin.
Glaub nun an gar nichts mehr,
und weil ich froh und glücklich bin,
schau ich jetzt um mich her.

Erblick das Elend auf der Welt,
und manches macht mir Angst:
Der einz´ge Maßstab ist das Geld!
Doch nutzt es, dass Du bangst?!

Ich setz mich auf die Gartenbank
und denk mir meinen Teil.
Ich bin gesund; die Welt ist krank.
So dicht ich alleweil!

KLAUS G. LONVITZ
geb. 1940 in Putbus/Rügen

GLÜCKSPILZ UND PECHVOGEL

Wir sind fünf Autoren, die die Freude hatten,
dass sie in einem kleinen Café ihre Gedichte und

Geschichten einem Publikum in einer Lesung vorstellen konnten. Ich wollte gerne meine Frau mitnehmen. Aber sie hatte keine Neigung dazu; denn es war ein schöner Spätsommertag, den sie für eine Radpartie nutzen wollte.

Wir begrüßten ein erwartungsvolles Publikum – eine gute Stimmung war im Raum zu spüren. Ich las unter anderem mein Gedicht *Glücks- und Pechsträhne* und freute mich, dass es gut ankam. Am Ende der Veranstaltung hatten wir Autoren ein tiefes Glücksgefühl, das für weitere Lesungen Mut machte.

Als ich das Café verließ, bekam ich eine niederschmetternde Nachricht von meiner Tochter. Meine Frau hatte sich durch einen Sturz einen komplizierten Bruch zugezogen und war ins Krankenhaus gebracht worden.

Ich hatte das Gefühl, dass es in derselben Zeit passierte, als ich mein Gedicht gelesen hatte. So waren Glückssträhne und Pechsträhne in eigenartiger Weise zusammengekommen.

Ein Schicksal hat ja bekanntlich zwei Seiten. Mein Glücksgefühl war dahin. Ich besuchte meinen Pechvogel im Krankenhaus.

JÜRGEN MOLZEN
geb. 1943 in Berlin

MEINE LUSTIGSTE ARBEIT...

„Meine lustigste Arbeit", sagte mir der ältere Gla-
sermeister in der Kuglerstraße. Er gab mir meinen
Berliner Schimpfwortkalender zurück. Er hatte die
Fotofolie (weiße Schrift auf schwarzem Grund) in
einen goldfarbenen Rahmen unter Glas gefasst.
Sein Lächeln erfreute mich. Dies war Mitte der
siebziger Jahre. Heute ist dieser Schimpfwortka-
lender an der Wand in meinem Wohnzimmer
angebracht. Es ist schon ein Ritual, dass ich täg-
lich auf den entsprechenden Tag schaue. Heute
ist der 31. Januar 2022. Ausgewiesen ist:
"ÖLJÖTZE".

So erfreue ich mich jeden Tag an dem ausgewie-
senen Berliner Schimpfwort. Einige Beispiele:

01. Januar	Verlauster Waldkater
31. Januar	Öljötze
01. Februar	Mistkrücke
28. Februar	Mistmade
01. März	Klunte
31. März	Friedhofsjemüse
01. April	Mistmarschije Kaldaunensau
30. April	Spinatwachtel

01. Mai	Arbeeterdenkmal
31. Mai	Lahmarsch
01. Juni	Sabberfritze
30. Juni	Jraf Koks von de Jasanstalt
01. Juli	Rübenschwein
31. Juli	Dummet Luder
01. August	Schlampe
31. August	Windmacher
01. September	Kiebijer Bursche
30. September	Abjetakelter Schraubendampfer
01. Oktober	Schielewipp
31. Oktober	Kesse Rübe
01. November	Küchenzwerch
30. November	Sechzylindrije Wüstensau
01. Dezember	Speichellecker
31. Dezember	Schnapsdrossel

Übrigens wurde mir von einer lieben Poetin das Minibüchlein „VERFLUCHT UND ZUGENÄHT" – Schimpfwörter aus unserer Muttersprache – zugeschickt. Dort lese ich nun von A Aas bis Z Zuckerschnute. Und ich erfreue mich daran ebenso, wie an meinem Berliner Schimpfwortkalender.

WIE SAGTE NOCH DER ALTE GLASER-MEISTER: „MEINE LUSTIGSTE ARBEIT!".